《編成と使用音域》

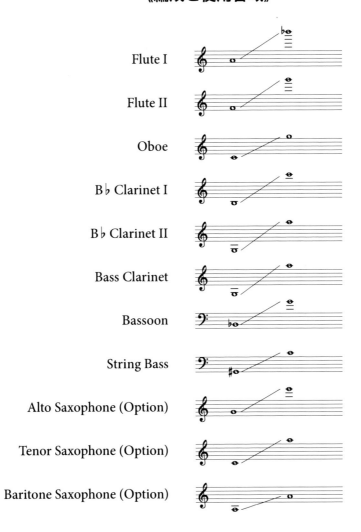

《楽曲について》

　『ラデツキー行進曲』等多くの有名作品を生み出したウィーンの作曲家、J. シュトラウス1世（1804～1849）の長男で、指揮者としても活躍をしていた J. シュトラウス2世。
　最近では運動会や野外イベントで耳にすることが多いこの曲。タイトルの「トラッチ」とはドイツ語で"うわさ"を意味する言葉で、「トリッチ・トラッチ」と並べることで、"おしゃべり"といった意味合いになるのだそう。拍が取りやすい2拍子のアップテンポで、音域が上がったり下がったりと軽快な動きが出てくる曲調からもタイトルの意味が汲み取れます。

《演奏アドバイス》

ヨハン・シュトラウスはウィーン 19 世紀を賑わせたエンターテイナーな音楽家でありながら、芸術性に富んだ作品を創作し続けました。ワルツやポルカ、そしてオペレッタ……いずれも愉しみに満ちた「華」がある音楽です。
このトリッチ・トラッチ・ポルカは「おしゃべり」「噂話」に由来していて、その密やかな内緒話や大騒ぎな雰囲気のコントラストを愉快に表しています。
ちょっと意地悪な感覚も持ち合わせたおしゃべりの感じを、絶妙な転調感とアーティキュレーションのニュアンスを明確に表せると良いと思います。ぜひ愉しい時間を！
スタッカートが多用されていますが、その中でハーモニー感を失わないことが大切です。賑やかさと密かさの明確な描き分けをしましょう。
装飾音に音色とニュアンスが必要です。難しい運指もありますので、丁寧に作りましょう。

（福田洋介）

トリッチ・トラッチ・ポルカ
Tritsch-Tratsch-Polka

ヨハン・シュトラウス 作曲／福田洋介 編曲

Alto Saxophone (Option)

トリッチ・トラッチ・ポルカ
Tritsch-Tratsch-Polka

ヨハン・シュトラウス 作曲／福田洋介 編曲

Bass Clarinet

トリッチ・トラッチ・ポルカ
Tritsch-Tratsch-Polka

ヨハン・シュトラウス 作曲／福田洋介 編曲

Bassoon

トリッチ・トラッチ・ポルカ
Tritsch-Tratsch-Polka

ヨハン・シュトラウス 作曲／福田洋介 編曲

Tenor Saxophone (Option)

トリッチ・トラッチ・ポルカ
Tritsch-Tratsch-Polka

ヨハン・シュトラウス 作曲／福田洋介 編曲

トリッチ・トラッチ・ポルカ
Tritsch-Tratsch-Polka

ヨハン・シュトラウス 作曲／福田洋介 編曲

String Bass

Baritone Saxophone (Option)

トリッチ・トラッチ・ポルカ
Tritsch-Tratsch-Polka

ヨハン・シュトラウス 作曲／福田洋介 編曲

カット不要！

5分で
5min 木管編 Wood
アンサンブルシリーズ

全日本アンサンブルコンテストのルールに沿って、5分以内で演奏できるようにアレンジを施し、だれでも気軽にアンサンブルに挑戦できる8人編成のピース楽譜です。各自でカットを考える手間を省きます！バランスよくいろいろな楽器が登場する初〜中級アレンジなので、アンサンブルコンテストに出場するメンバー以外でも気軽に楽しく演奏できます。各パートに出てくる音域がひと目で分かるガイド付き！ 自分たちのレベルや好みに合わせて選ぶことができます。

〈全曲 A4版／スコア譜／パート譜付き〉

グリーンスリーブス
Greensleeves
イギリス民謡／編曲：関向弥生
木管八重奏（混合）
Flute Ⅰ,Ⅱ / B♭ Clarinet Ⅰ,Ⅱ / Bass Clarinet
Alto Saxophone (or Oboe) / Tenor Saxophone (or Bassoon)
Baritone Saxophone (or String Bass)
［価格］1,800円+税　ISBN 978-4-87312-388-2

スケーターズ・ワルツ
Les Patineurs
作曲：エミール・ワルトトイフェル／編曲：石毛里佳
木管八重奏（混合）
Flute Ⅰ,Ⅱ / B♭ Clarinet Ⅰ,Ⅱ,Ⅲ
Alto Saxophone (or Oboe) / Tenor Saxophone (or Bassoon)
Baritone Saxophone (or String Bass)
［価格］2,200円+税　ISBN 978-4-87312-389-2

ロメオとジュリエット 幻想序曲
Fantasy Overture Romeo And Juliet
作曲：ピョートル・イリイチ・チャイコフスキー／編曲：福田洋介
木管八重奏
Flute Ⅰ,Ⅱ / B♭ Clarinet Ⅰ,Ⅱ / Bass Clarinet
Alto Saxophone / Tenor Saxophone
Baritone Saxophone
［価格］2,000円+税　ISBN 978-4-87312-392-9

メイプル・リーフ・ラグ
Maple Leaf Rag
作曲：スコット・ジョプリン／編曲：鹿野草平
木管八重奏
Flute Ⅰ,Ⅱ / B♭ Clarinet Ⅰ,Ⅱ / Bass Clarinet
Alto Saxophone / Tenor Saxophone
Baritone Saxophone
［価格］1,800円+税　ISBN 978-4-87312-391-2

トリッチ・トラッチ・ポルカ
Tritsch-Tratsch-Polka
作曲：ヨハン・シュトラウス／編曲：福田洋介
木管八重奏（混合）
Flute Ⅰ,Ⅱ / B♭ Clarinet Ⅰ,Ⅱ / Bass Clarinet
Oboe (or Alto Saxophone) / Bassoon (or Tenor Saxophone)
String Bass (or Baritone Saxophone)
［価格］2,000円+税　ISBN 978-4-87312-390-5

アダージョ
Adagio
作曲：トマゾ・アルビノーニ／編曲：横川 創
木管八重奏（混合）
Flute Ⅰ,Ⅱ / B♭ Clarinet Ⅰ,Ⅱ,Ⅲ
Alto Saxophone (or Oboe) / Tenor Saxophone (or Bassoon)
Baritone Saxophone (or String Bass)
［価格］2,000円+税　ISBN 978-4-87312-393-6

ALSO

お求めはお近くの楽器店、またはアルソオンラインへ
アルソ出版通信販売部　TEL:03-6908-1121　http://www.alsoj.net

カット不要！5分でアンサンブルシリーズ ～木管編～
トリッチ・トラッチ・ポルカ

発行日：2016年9月20日　初版

発　　行：アルソ出版株式会社
〒161-0033　東京都新宿区下落合 3-16-10-3F
Tel.03-5982-5420　Fax.03-5982-5458

編　　曲：福田洋介

楽譜浄書・デザイン・DTP 制作：株式会社MCS

無断転載、複製、複写厳禁　Printed in Japan　乱丁、落丁はお取りかえいたします。
ISBN978-4-87312-390-5 C0073 ¥2000E